FIGGERED

MY DAD IS BIGGER THAN YOUR DAD

FIGGERED

MY DAD IS BIGGER THAN YOUR DAD

A SATIRE
BY **BEN FLETCHER**

DONALD TRUMP JR.

First published in 2019 by Blue Lens

Blue Lens is an imprint of Blue Lens Films Limited
71-75 Shelton Street, Covent Garden, London, WC2H 9JQ, UK

Text Copyright © Ben Fletcher 2019

A CIP catalogue record for this book is available from the British Library

ISBN   978 1 9161 2061 7
1 3 5 9 10 8 6 4 2

FIRST EDITION

International Edition
Printer and binder may vary between territories of production and sale

for

My father, President Donald J. Trump
for being the best father I have ever had

CONTENTS

CONTENTS

INTRODUCTION
MY DAD IS BIGGER THAN YOUR DAD

This book is going to be a book that will probably change your life as you know it forever.

No.

This book will be a book that will change your life as you know it forever. That's right. Forever.

This is going to be the book that will change forever the way that you look at all of the things that are going on across our great nation and also the rest, not-so-great, bits of the world.

This is going to be the look that makes you realize just how many of the problems that we see and face each day are the fault of those snowflake generation liberals.

In this book, no one is going to be spared.

In this book, political correctness has had its Green Card denied and been turned back at the border.

This is the book that those leftist elites don't want you to read.

When I was a young boy, my father always used to tell me that it was the liberals who caused all of the problems that we faced in our lives. He said, "Son, those liberals, all of those liberals, especially the liberal ones, they are the reason why we cannot afford to buy a second plane."

And you know what? My father was right.

My father taught me a valuable and memorable lesson about liberals when I was a kid. He taught that all liberals are creatures who never change. "Sure, they might change their skin once in a while — who knows, they might paint it blue in order to show sol... solid... support for people who are blue, or yellow to show support for those actors in The Simpsons — and they might fake like something for a time in order to try show they care, but a liberal deep down never ever changes, son. Once a liberal, someone is always a liberal."

And you can trust my father on this because he himself used to be a liberal when he was a member of the party of

Nancy Pelosi, the head liberal. That's right, my father was once a Democrat and so he has first-hand experience of just what it is like to be a liberal.

Liberals are a danger to our great nation and also our great patriotic way of living the life of freedom.

It is a scientific fact that what liberals want is ponies and unicorns for everyone. That's right, under the liberal "one unicorn" policy that those communist Democrats are peddling from Ginese inspiration, every single one of their voters, including those millions of illegal ones, would get a unicorn.

And don't forget what more unicorns mean — more unicorns mean more deaths from unicorns when all of the mentally unstable liberals go out and use them to murder law-abiding patriots. Don't believe me? Just look at this chart:

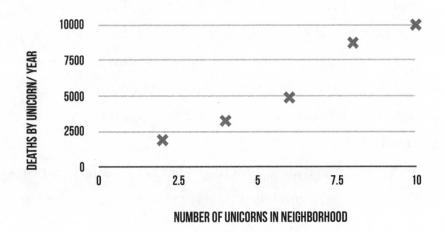

The very worst truth about these facts though is that each day the number of Democratic Party voters in our country is increasing.

Every day the policies of the Democrat let House and their minority in the Senate are working to pass laws that allow illegals from Mexico to flood into the United States so they can vote for them.

And remember, when Mexico sends its people, it isn't sending its best people — In fact, the entire continent is full of lying, thieving, violent and fraudulent criminals and rapists. I have seen many of them first hand and I can tell you that close contact with these people is not something to want.

When these illegals arrive in our country they are lucky not to face any of the same struggles that you or I would.

While we have to work hard to afford rent so we can continue to enjoy our scenic views, these illegals are given free housing at our expense in what some are describing as a holiday camp — it's funny how when my father wants to take a break from all of the work he's doing to save our great country, the Democrats are first to attack him for a round of golf.

Now you may be wondering what the benefit is for the Democrats here and you'd be right to wonder. The benefit is simple though, they are able to use these illegals to gain more votes.

California is the perfect example of just how stupid the Democrats are. California is a state that is already full of snowflakes and triggered liberals and for that reason, it's a state that someone like crooked Hillary Clinton is going to win no matter what. Yet in the 2016 general election, the Democrats still chose to use their army of illegals to vote for Clinton anyway. What's that all about?

Surely if you're going to use illegals to win an election you wouldn't make sure they all voted in a state that you're already going to win through other illegal means? If these Democrats were smart then they would use a smaller and much less noticeable or detectable number of illegal votes to win by small margins in states that their opponent was polled and expected to win by a small margin — states like Pennsylvania, Michigan, and Wisconsin, for example.

The conclusion that we must draw from looking at all of these mentally ill liberal members of society and the Democratic Party that rushes to give them a place to call home is that we are in true danger — that is the sole truth of it all.

Our way of life is in danger.

Our security is in danger.

Our freedoms are in danger.

When you look at the threats you face, who is it who is stopping you from countering those threats? That's right, it's the liberals.

Take this as an example. Hurricanes. The liberal elite is claiming that we are seeing more of them because of the impacts of climate change. They are saying that these hurricanes are worse than ever because of the impacts of climate change. But here's the killer truth — if these same liberal elites didn't keep banging on about climate change, then no one would be thinking that these hurricanes are being caused by climate change. Fact.

And remember this too — who is it that is attempting to stop you having the right to protect yourself from those same hurricanes? It's the same liberal elites. They say the hurricanes are a danger caused by climate change while also rallying for your guns to be taken away from you.

That's right, the liberals want to take away your right to protect you and your family from the dangers that they warn about — if that isn't some elitist conspiracy with the aim of irradiating true patriots from this country so that our land and our freedoms can be given to those illegals that prop up Nancy Pelosi and her posse, then I don't know what is.

There's some Deep State involvement in all of this, but that is something I'm going to get onto later in this book.

The point that we should all be taking from what is going on, however, is that we have to stand together. We all have to stand strong, man to man, but keeping a safe distance, and make sure these liberals can't infect our true American values and beliefs.

And here's a tip from Donald Jr — when I find myself face to face with one of these deranged people, I just look them straight in their eyes and say, "Hey, buddy, my dad is bigger than your dad."

CHAPTER ONE
MY CHILDHOOD GROWING UP AS A CHILD

Throughout my life, I have tried to be a private person and so not a lot of people know that in my early years before I grew up and became head of the Trump Organization, I used to be a child.

My childhood was just like that of any normal kid born around the same time. Sure, I had a dad who was nearly a billionaire, but I still had struggles.

I was born at the end of 1977. The final day of the year. My place of birth was New York City. Despite being born in the liberal capital of the United States, however, I was lucky not to suffer lasting damage.

MY CHILDHOOD GROWING UP AS A CHILD

You know, looking back I consider myself lucky to have been born over 40 years ago.

Many people aren't so lucky.

I'm talking about all of the babies who are born in these new hyper-elitist times when coastal liberals and Democrats have babies ripped straight from the wombs of their mothers right up until the age of two months — back when I was born abortion wasn't such a risk.

As a child, I was named after my father. That's why my name is Donald Trump Jr.

I found out later that he felt nervous about passing his own name onto me. The worry that he voiced to my mother at the time was that he didn't want to pass on his name to a kid that might one day grow up to be a complete loser. Thankfully, just over six years later, my first brother, Eric, was born and he became the child to disappoint our father, and so there was no worry that I might turn out worse. Worse was never going to be possible with Eric around.

While young, my father was often busy working and traveling the world to meet the rich and powerful just like himself. Because of this, much of my younger years were spent visiting my grandparents on my mother's side. My summers were spent at their home in Czechoslovakia, a former nation located in central Europe.

It was during this time that I developed a love for hunting. This was a love that grew from my devotion to the plight of innocent animals across the world.

My grandfather had told me a story one evening over dinner about how there were these cruel men known as poachers who went around and stole ivory from elephants. From that moment forward, I pledged myself to helping all elephants I came across by putting them out of their misery and ensuring that they would never have to meet a poacher in the future.

You may be wondering how I can justify this, but I ask you to remember just one thing. When an elephant is killed by a poacher their ivory is stolen to be made into jewelry and other items that receive no note. But when I humanely euthanize one of these amazing creatures to save them from that terrible fate, I always take a photo next to it to help make that elephant famous and show the world how much threat they are under. I make sure the elephant does not die in vain.

When I was still young my father divorced his first wife and my mother, Ivana. It was a divorce that was unfair on my father — he always did the right thing and was respectful, but she was anything but. She attempted to take everything from my father because that is what women do. Men work hard and then women take advantage and try to break them because they're jealous.

At the end of the divorce, my father did what he thought was best, and that was to make sure he had to spend as little time with Eric as possible by sending him away to a boarding school. In order to make it look like he wasn't just trying to avoid Eric, my father made the decision to send me and his fourth wife, Ivanka, away too.

There was obviously some liberal bias at the school my father sent us to — I can remember one specific occasion when I was running for class President and my teacher told me that I wasn't allowed to accept outside corporate donations. Clearly, this is just another way the Democrats are controlling our children's education.

This issue wouldn't be too bad if in isolation. In fact, I spoke to my father about it at the time and we managed to work out a strategy to win regardless. But this display of elitism was not the only one by the school.

At the start of my final year there, I was told that I had to act as a mentor to one of the younger students. That's right, the school wanted to force me to pass on the secrets of being a real man that my father had taught me, and do it for nothing.

Despite all of the best efforts of the school to beat me down and rip out my true patriotic and independent soul, I survived my time there and was able to attend university in Pennsylvania at the University of Pennsylvania.

To live up to the name my father had passed onto me, I studied finance and real estate. After graduating, I then decided to move to the city of Aspen in Colorado to live as an abject failure who was good for nothing more than lounging about and pouring drinks.

I didn't want to keep living my life as a failure though.

I didn't want to keep living my life as someone who served others.

I didn't want to keep living my life as someone who wasn't able to stand up and work hard for what they know they deserve.

And so I didn't.

Being a conservative I know that when you put your mind to it and truly believe in yourself, it's possible to lift yourself out of difficult situations like the one I was living in Colorado.

And so I did.

I decided that I was going to be more and so I packed in my job working as a bartender and took the first step onto the bottom of the ladder of success by leaving behind

Colorado, moving back to New York City, and getting my first job at my father's business as a junior executive.

From there, the rest is history.

I continued to work my way up through the ranks and eventually, I got to my current position of being the senior vice president of the Trump Organization. A title that I could not be more honored to hold.

It just goes to show. No matter what those Democrats might try to indoctrinate our children with, the true method of seeking success is to just find success, not moan about those daily struggles that you face.

Struggles, just like Democrats, don't care about your feelings, and your feelings shouldn't care about them.

CHAPTER TWO
DURING MY FATHER'S ELECTION

I remember the day that my father decided to run for President. I was there. Eric, Ivanka and some other girl we didn't know was there too. My father came into the room and he said to all of us, "I have decided to run for President."

The news came as a shock to us all.

My father and I had just got back from a business trip to Moscow at the time and had spent so much time in and out of meetings with some high ranking Russian Government officials and a couple of oligarchs — my father's Russian counterparts — and so it's amazing how my father ever found the time to consider a Presidential run during that time. It's certainly not a decision that you can rush into. But this does show my father's great skill at being able to concentrate on wanting to Make America Great Again even while busy with work, even if he's jet-lagged.

When my father told us that he was going to run, all of us in that room jumped into the air and cheered. We celebrated all night long too. We celebrated knowing that America and its patriotic cubs were going to be saved from the tyranny of having Barack Obama as President.

We were not the only ones celebrating either. Not long after we heard the news ourselves, I received a phone call from a Russian business associate of mine who wanted to congratulate our family on being the next to rule America. Although at this time it was not known that my father would be facing up against Crooked Hillary from the Clinton dynasty, my friend felt sure that no matter who he was up against, he was sure to win.

"It be like America is to get it's very own Vladamir Putin," my associate told me. "A strong and charismatic leader with good body other men can admire and aspire to have without being homosexual."

The American people certainly agreed with my

associate's views. They took to my father and embraced him as the second coming. My father was their savior from not just the threat of the liberals, but also the fake conservatism peddled by little Marco Rubio and Ted Cruz, the latter of which wasn't even born in America.

The day my father won the nomination was the best day of my life so far. It was even better than the day that the doctor told us that Eric's stupid wasn't hereditary.

It was after my father became the Republican nominee that the real work started, however. We knew that even though my father was the best and most qualified candidate for the Presidency that had ever been seen, the Clinton campaign was likely to throw all the dirty tricks they had at us.

No matter the attempts of the Democrats to sabotage us though, wherever we went across the country my father was cheered and greeted warmly with the admiration that he had earned. Myself and the rest of the family were welcomed also with the recognition that the Trump name has come to deserve.

For all of us though, the three debates were the most memorable part of the campaign. Getting the chance to see my father stick it to Hillary Clinton face to face was a treat that his supporters deserved to see.

DURING MY FATHER'S ELECTION

While my father stuck it to Hillary on stage about her husband, Bill Clinton, I was sat in the front row of the audience just a few seats away with the perfect view from which to see the man crumble. I remember when my father brought up his sexual misdeeds looking across at the shame he was showing on his face. It was almost as if he felt embarrassed for Hillary that he was her husband.

Though a great deal of fun, there was, of course, a lot of hard work to undertake during the campaign. I, for example, was given the important task of entertaining and catering for all of the needs of our greatest supporters and biggest donors to our cause.

Having grown up in my father's tower, I was well aware of how much of an impression the location always made upon those who had the privilege of being able to visit and party within it.

It was lucky for me that the Trump Tower happened to be owned by my father, otherwise, I do not think that I could have negotiated such a good deal to hire a room out for parties and meetings.

Of course, at the end of the campaign, we came to the main event itself. My father on election day was a sight to see. Never have I seen a man show so much love for his country as he did then.

FIGGERED

Only those who are closest to my father know just how much he gave up in order to become President. It is truly an outrage that he will never be admired enough for all of his sacrifices during his lifetime. Though I and all of his supporters can live with the comfort that in time to come, how much of a true American hero my father was during this time will become part of our nation's history.

CHAPTER THREE
TRAVELING WITH MY FATHER

It was not only my father's life that changed after he was elected. For one, the lives of millions of American patriots improved overnight with the knowledge that they had a man just like them fighting their corner in our nation's highest office — it was also good news for their women too. But life changed for my father's family too. That's right, life changed for me.

The changes were immediate. Most notable of all was that none of us were allowed to go anywhere on our own anymore. This was because there was a risk that now we were to first family-elect, bad evildoers like liberals and jealous Democrats would want to do harm to us if they got the chance.

We started to be protected by a special service that the Government provided. I can't tell you the exact name of the service because it's a secret. My father, the new President — you could say that he's the "Don" — receives the most protection. And then I and Ivanka receive a smaller level to ensure our safety too.

While I recognize they are there for my safety, being followed around by at least two people all of the time is an inconvenience.

I used to enjoy hosting parties for my business associates from abroad, but ever since my father became President this just hasn't been possible. It's a shame. The last party was at the start of June 2016 and hosted in my father's tower in New York City. It was a night everyone said was one of their best, but it's one I look back on with bittersweet emotion knowing it was the last of its kind.

One of the biggest issues with having to be protected by so much security though is the lack of God-given freedoms that we have when we travel, especially when we are traveling with my father.

People often ask me what it's like to be able to travel alongside the President and on Air Force One especially.

I'll tell you what it's like. It's cool. Okay, sure, I get to fly a lot and I've had the privilege of flying on Hair Force One, but Air Force One is next level.

The feeling of being able to fly on this bird and represent the United States in countries that look up to us and aspire to be us? That feeling is the best.

While I love to travel with my father and play my role in making sure everyone knows America has always been the best country in the world thanks to my father's Make America Great Again agenda, this great privilege does come with some drawbacks.

The biggest of these is that we are forced to be the ones who see just how low the Democratic Party has sunk — it seems that no matter where in the world we go, they have arranged a group of fake protesters to shout and chant their fake news and their cult-like beliefs to anyone who will listen.

It's not all bad though, of course. In some countries, the love for my father is enough to rival even that of the love he has at home in all five corners of the United States.

The best example of this was on our first trip to a place called London Town in England. The people there actually created a giant balloon of my father which they let soar into the air to mark his visit. They all looked upon my father as he flew above them to show that they feel they were not worthy of his presence. They wanted to show that my father could always reach new heights. Their compliments were a privilege to witness first hand.

It was not just this display of love for my father that made this trip one of the best we have been on, but also those we got to meet during that week.

We heard later that the Queen of England herself was truly honored to have been granted an audience with my father, and I can say that my father was happy to have had the opportunity to meet her too.

At one point my father and the Queen went our for a short walk around the gardens of her home — my father was demonstrating to her how a true leader who wanted to show their power should walk — myself, Ivanka, and Eric, who we had been forced to bring with us after his sitter pulled out at the last moment, was introduced to the Prince of Whales and his father, the King of the Seas.

It was an exciting trip overall, though there was a note of disappointed for Eric after our security detail told him that it wasn't safe for him to visit the zoo as they couldn't be sure that Hillary Clinton wasn't hiding amongst all of the meerkats in order to take revenge after her loss.

A few days later we were in Helsinki and we met with officials from the Russian government, and even Vladamir Putin himself.

Though Vladamir is a man known and respected world round for always showing a sense of strong leadership and being a true alpha, he does when the time is right, show a softer, gentle and more kind natured side. That is what he did on this trip.

After hearing that Eric was upset about not being able to save the Elephants at the zoo, just like his big bro, Jr. would, Vladamir sorted Eric a present out — an exclusive soccer ball from that year's world cup that was being held in Russia.

It's a present that I know Eric appreciated because he keeps it atop a shelf in his bedroom now. The rest of us often joke about how Eric believes the ball to be haunted as he claims he can hear voices coming from it at night.

Now Democrats may be trying to claim that it is bad that I travel with my father when he is representing our nation abroad — they try to claim that I am freeloading off the great American taxpayer — but nothing could be further from the truth.

The reality is that the Democrats simply don't know the personal sacrifices than I am making in order to be able to support my father in his noble mission. For example, ever since my father became President I have had to cut down my humanitarian missions to Africa to save the elephants from poachers down to just one trip a year.

It is also a fact that under my father's Presidency, America is getting the best value that it ever has out of a President. Never under Bill Clinton did America get a second Bill Clinton. But under President Donald Trump, America, at no extra cost, gets to benefit from their very own Presidential mini-me in me, Donald Trump Jr.

CHAPTER FOUR
THE DEEP STATE CONSPIRACY

By far, the single greatest threat to our great nation's national security is the existence of the Deep State.

This is no hoax as many on the loony left would try to make you believe.

The Deep State is a real, great and persistent threat that right this moment is living amongst us all and attempting to infiltrate or lives of freedom and the god-given patriotism we have for the country we all love so much.

This secondary underground and out of sight system of American government is one that has always been there since the very birth of our nation and in control of all of the instruments that control all of our lives. In recent years there is even evidence to suggest that they have grown to include international chapters to their ranks.

It is this Deep State who truly decides who will be the President of us all. That's right, our votes don't matter. No vote cast in this country matters. Not my vote, not your vote, and not even the votes for the Democrats. The Deep State simply ignores who the people vote for and make their own mind up.

Usually, the Deep State favors the Democratic candidate, and it's not hard to see why when you look at those who form part of this cult. But occasionally, they will instead choose a Republican. No one knows why, but the most likely reason is so that they can be seen not to exist to the general American public — it would be too suspicious if one of their own was always the candidate that won.

In 2016, the Deep State chose for my father to become President rather than Crooked Hillary. The only reason for this can be that they themselves knew that Hillary was the nasty woman that my father had branded her as while on the campaign trail.

Even though we knew it would require more than just

a simple diagnosis of being a mentally ill liberal to think that Hillary was better than my father, we were still quite shocked to see the Deep State choose my father, and have ever since been wary of their true intentions.

Luckily, my father is a strong-willed man with his own forceful and independent thoughts and soul, and so it is unlikely that the Deep State will ever be able to take any control of his mind, and therefore the country.

This does not, however, stop us from taking extra precautions that help ensure they cannot infect him with anything — my father only drinks from cans of Diet Coke that have first been tested by a small child to certify that they are free of any poisons or mind-controlling drugs.

We use a child as their smaller bodies mean that any impacts that a drug or poison would have would show themselves quicker — this is the only way that we can be sure that my father still gets his refreshment while chilled.

It may seem cruel to the child, but remember this, they do get to meet their hero, Donald J. Trump, and if they ask him nicely, even get a signed photo.

You may be wondering why the Deep State would be likely to attack and infiltrate my father's mind if they were the ones to make his President, but the answer is simple.

That is how the minds of these sick people work.

THE DEEP STATE OF THE UNITED STATES

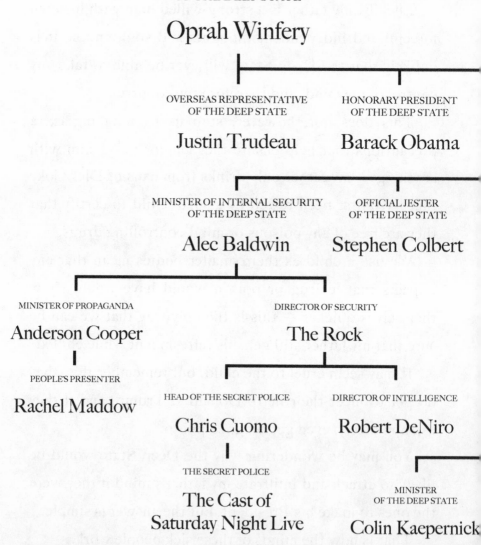

SUPREME SOVEREIGN CZAR AND EMPRESS
OF THE DEEP STATE

Oprah Winfery

OVERSEAS REPRESENTATIVE
OF THE DEEP STATE

Justin Trudeau

HONORARY PRESIDENT
OF THE DEEP STATE

Barack Obama

MINISTER OF INTERNAL SECURITY
OF THE DEEP STATE

Alec Baldwin

OFFICIAL JESTER
OF THE DEEP STATE

Stephen Colbert

MINISTER OF PROPAGANDA

Anderson Cooper

DIRECTOR OF SECURITY

The Rock

PEOPLE'S PRESENTER

Rachel Maddow

HEAD OF THE SECRET POLICE

Chris Cuomo

DIRECTOR OF INTELLIGENCE

Robert DeNiro

THE SECRET POLICE

The Cast of Saturday Night Live

MINISTER
OF THE DEEP STATE

Colin Kaepernick

THE DEEP STATE CONSPIRACY

INTERNAL ORDER OF HIERARCHY

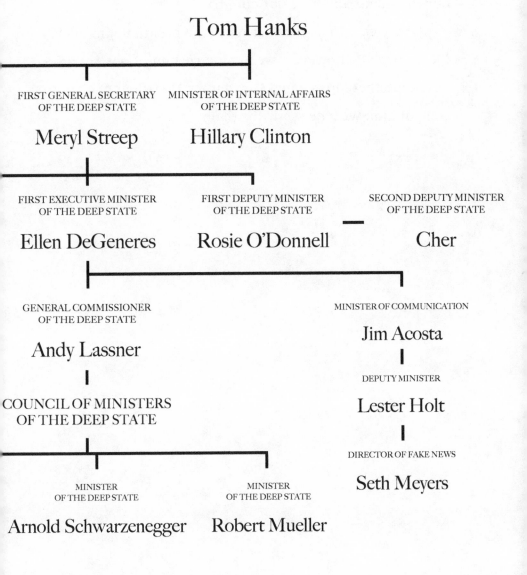

CHAIRMAN AND PEOPLE'S REPRESENTATIVE
OF THE DEEP STATE

Tom Hanks

FIRST GENERAL SECRETARY
OF THE DEEP STATE

Meryl Streep

MINISTER OF INTERNAL AFFAIRS
OF THE DEEP STATE

Hillary Clinton

FIRST EXECUTIVE MINISTER
OF THE DEEP STATE

Ellen DeGeneres

FIRST DEPUTY MINISTER
OF THE DEEP STATE

Rosie O'Donnell

SECOND DEPUTY MINISTER
OF THE DEEP STATE

Cher

GENERAL COMMISSIONER
OF THE DEEP STATE

Andy Lassner

COUNCIL OF MINISTERS
OF THE DEEP STATE

MINISTER OF COMMUNICATION

Jim Acosta

DEPUTY MINISTER

Lester Holt

DIRECTOR OF FAKE NEWS

Seth Meyers

MINISTER
OF THE DEEP STATE

Arnold Schwarzenegger

MINISTER
OF THE DEEP STATE

Robert Mueller

29

FIGGERED

The diagram you have just seen has been created by me after expert analysis and intelligence collection in order to be able to show you just who is behind this Deep State.

It hardly needs saying that these are people who hate our President and hate our country.

All we can do is guess at what the eventual aim of this Deep State is, however, we can be certain of one thing — next time these losers make my father President and try to control him, we'll be ready for them.

CHAPTER FIVE
WHEN I BECOME THE NEXT PRESIDENT

It is not a comforting reality, but my father cannot rule forever.

The truth is that for all great leaders, their time as a ruler rises and falls like the sun. One day, the sun will set on my father's time as our President and will rise with another as the new ruler. That new ruler will be the person best placed to take over from my father, and that person is me.

I have seen the work that my father has put in to make our nation the best in the world to live in, and I will continue as his time as President continues to see what he adds to make the American way of life the way of life that all aspire to have. This makes me best placed to continue his legacy and ensure that the Democrats can't reverse all of the progress that will have been made.

You may be asking yourself what makes me so sure that I could win the hearts and the votes of the great people of our nation. Well, I can tell you. By the time that my father abdicates and hands power over to me, those Democrats won't be able to rely on those fake illegal votes to help them as we will have built that wall.

Internal polling also already shows that I am the preferred choice to take over my father. If you don't believe me, just look at this poll conducted shortly before writing this book:

AUGUST 29, 2019 | INTERNAL POLLING DATA

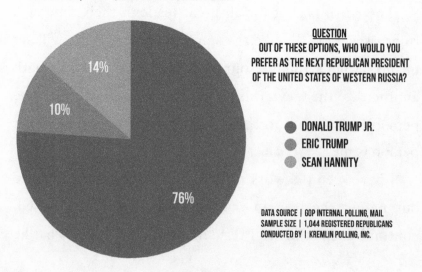

QUESTION
OUT OF THESE OPTIONS, WHO WOULD YOU PREFER AS THE NEXT REPUBLICAN PRESIDENT OF THE UNITED STATES OF WESTERN RUSSIA?

- DONALD TRUMP JR.
- ERIC TRUMP
- SEAN HANNITY

DATA SOURCE | GOP INTERNAL POLLING, MAIL
SAMPLE SIZE | 1,044 REGISTERED REPUBLICANS
CONDUCTED BY | KREMLIN POLLING, INC.

While I do, of course, want to be able to pay tribute to the hard work and dedication my father would have spent the remainder of his life-giving to America, I don't want to be a copy of everything that he will have stood for before me.

There are several areas where my own views are very different from my father's views. One of these areas is how we should be securing our border.

While I agree with my father's efforts to build a giant wall along our southern border with Mexico, I simply do not think that this measure will be sufficient in the future.

Already in Mexico, we are seeing multiple instances of illegals developing a device to help them make it over our border wall — no doubt they are helped by the Democrats stealing our education away from Americans and working to smuggle it over the border to help these illegals.

Sean Hannity on his Fox News program broadcast a special investigation on this subject which found quite shockingly that these illegals had in the space of just a few months created blueprints for a long and thin object made up of two pieces of long wood connected together by up to an infinite number of smaller pieces of wood.

This may not seem like a major threat on its own, but speculation is that if placed up against the wall, then all of our efforts to build a wall would be wasted.

This threat is only the first step on the ladder too — it is also believed that some illegals may begin to find a way to invade our country by using tunnels build by liberals.

The solution to these threats is not just to build a wall, but to make sure that we build a wall that no one can ever get over.

I recently ran a test where I told Eric that there was a large piece of chocolate cake in the fridge. I then built a small wall to stop him from getting to it. Yes, the wall did work and the cake was safe, but Eric kept trying. Next, I plugged the wall into an electric socket — Eric stopped trying to get past it.

I guess that what I am trying to say is that while my father has some very good ideas that will Make America Great Again, I want to be able to refine those ideas when I take over from him in order to be able to Make America Great Again Again (trademark).

CPSIA information can be obtained
at www.ICGtesting.com
Printed in the USA
BVHW031302030820
585357BV00001B/3/J

9 781916 120617

ФИГУРНЫЙ

МОЙ ПАПА БОЛЬШЕ ТВОЕГО

ФИГУРНЫЙ

МОЙ ПАПА БОЛЬШЕ ТВОЕГО

Дональд Трамп младший

Впервые опубликовано в 2019 году Blue Lens

Blue Lens является отпечатком Blue Lens Films Limited
71-75 Shelton Street, Ковент-Гарден, Лондон, WC2H 9JQ, Великобритания

Запись каталога CIP для этой книги доступна в Британской библиотеке.

ISBN   978 1 9161 2061 7
1 3 5 9 10 8 6 4 2

ПЕРВОЕ ИЗДАНИЕ

Международное издание
Принтер и переплет могут отличаться в зависимости от территории производства и продажи

за

Мой отец, президент Дональд Дж. Трамп

за то, что я лучший отец

СОДЕРЖАНИЕ

ВСТУПЛЕНИЕ
МОЙ ПАПА БОЛЬШЕ
ЧЕМ ТВОЙ ПАПА

Эта книга станет книгой, которая, вероятно, изменит вашу жизнь, какой вы ее знаете навсегда.

Нет.

Эта книга станет книгой, которая изменит вашу жизнь такой, какой вы ее знаете навсегда. Вот так. Навсегда.

Это будет книга, которая навсегда изменит то, как вы смотрите на все, что происходит в нашей великой нации, а также на остальные, не очень большие, кусочки мира.

Это будет взгляд, который заставит вас понять, сколько проблем, с которыми мы сталкиваемся каждый

день, являются ошибкой этих либералов поколения снежинок.

В этой книге никого не пощадят.

В этой книге политкорректность лишена «зеленой карты» и возвращена на границу.

Это книга, которую эти левые элиты не хотят, чтобы вы читали.

Когда я был маленьким, мой отец всегда говорил мне, что именно либералы вызвали все проблемы, с которыми мы столкнулись в нашей жизни. Он сказал: «Сын, эти либералы, все эти либералы, особенно либералы, они являются причиной, почему мы не можем позволить себе купить второй самолет».

И знаешь, что? Мой отец был прав.

Мой отец преподал мне ценный и запоминающийся урок о либералах, когда я был ребенком. Он учил, что все либералы - существа, которые никогда не меняются. «Конечно, они могут время от времени менять свою шкуру - кто знает, они могут покрасить ее в синий цвет, чтобы показать солидную... солидную... поддержку людей синего или желтого цвета, чтобы показать поддержку этим актерам в« Симпсонах »- и они может подделать что-то на какое-то время, чтобы попытаться показать, что им не все равно, но либерал в глубине

никогда не меняется, сынок. Когда-то либерал, кто-то всегда либерал ».

И вы можете доверять этому моему отцу, потому что он сам был либералом, когда был членом партии Нэнси Пелоси, главы либералов. Правильно, мой отец когда-то был демократом, и поэтому он из первых рук узнал, что такое быть либералом.

Либералы представляют опасность для нашей великой нации, а также для нашего великого патриотического образа жизни, основанного на свободе.

Это научный факт, что либералы хотят пони и единорогов для всех. Это верно, в соответствии с либеральной политикой «единорога», которую эти коммунистические демократы торгуют на основе вдохновения гинезийцев, каждый из их избирателей, включая миллионы нелегальных, получит единорога.

И не забывайте, что значит больше единорогов - больше единорогов означает больше смертей от единорогов, когда все психически неуравновешенные либералы выходят на улицу и используют их для убийства законопослушных патриотов. Не веришь мне? Просто посмотрите на этот график:

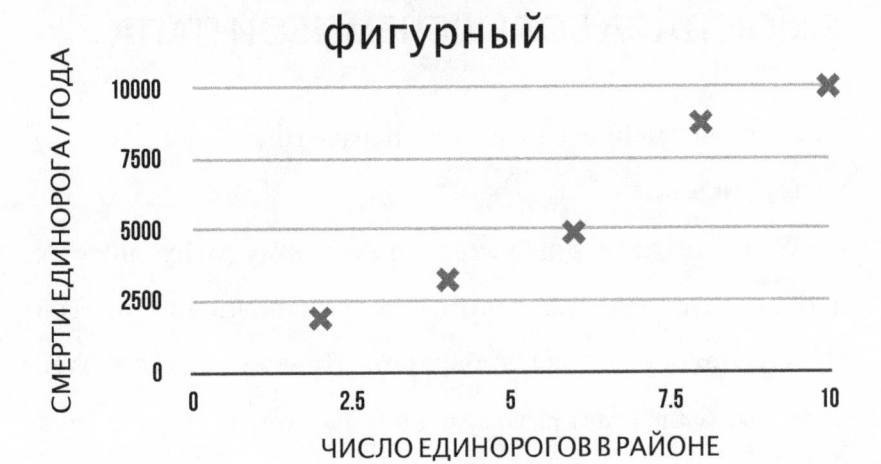

фигурный

СМЕРТИ ЕДИНОРОГА/ГОДА

ЧИСЛО ЕДИНОРОГОВ В РАЙОНЕ

Самая худшая правда об этих фактах заключается в том, что с каждым днем число избирателей Демократической партии в нашей стране увеличивается.

Каждый день политика демократа позволяет Хаусу и его меньшинству в Сенате работать над принятием законов, которые позволяют нелегалам из Мексики проникать в Соединенные Штаты, чтобы они могли голосовать за них.

И помните, когда Мексика посылает своих людей, она не посылает своих лучших людей - на самом деле, весь континент полон лжи, воров, насильственных и мошеннических преступников и насильников. Я видел многих из них из первых рук, и я могу сказать вам, что тесный контакт с этими людьми не то, что нужно.

Когда эти нелегалы прибывают в нашу страну, им повезло, что они не столкнулись с той же борьбой, что

и вы, или я.

В то время как мы должны усердно работать, чтобы позволить себе арендную плату, чтобы мы могли продолжать наслаждаться нашими живописными видами, этим нелегалам предоставляется бесплатное жилье за наш счет, что некоторые называют лагерем для отдыха - забавно, когда мой отец хочет отдохнуть от всю работу, которую он делает, чтобы спасти нашу великую страну, демократы первыми нападают на него для игры в гольф.

Теперь вы можете задаться вопросом, какая выгода для демократов здесь, и вы будете правы. Преимущество просто, хотя, они могут использовать этих нелегалов, чтобы получить больше голосов.

Калифорния - прекрасный пример того, насколько глупы демократы. Калифорния - это штат, который уже полон снежинок и вызванных либералов, и по этой причине, это штат, в котором кто-то, похожий на кривого Хиллари Клинтон, победит несмотря ни на что. Тем не менее, на всеобщих выборах 2016 года демократы все равно решили использовать свою армию нелегалов, чтобы проголосовать за Клинтона. О чем это все?

Конечно, если вы собираетесь использовать

нелегалов для победы на выборах, вы не уверены, что все они проголосовали в государстве, которое вы уже собираетесь выиграть другими незаконными способами? Если бы эти демократы были умными, то они использовали бы меньшее и гораздо менее заметное или обнаруживаемое количество нелегальных голосов, чтобы выиграть с небольшими наценками в штатах, где их оппонент был опрошен и, как ожидается, победит с небольшим отрывом - в штатах, таких как Пенсильвания, Мичиган и Висконсин. , например.

Вывод, который мы должны сделать, взглянув на всех этих психически больных либеральных членов общества и на Демократическую партию, которая стремится дать им возможность назвать дом, состоит в том, что мы находимся в реальной опасности - в этом единственная правда всего этого.

Наш образ жизни в опасности.

Наша безопасность в опасности.

Наши свободы в опасности.

Когда вы смотрите на угрозы, с которыми вы сталкиваетесь, кто мешает вам противостоять этим угрозам? Это верно, это либералы.

Возьми это как пример. Ураганы. Либеральная элита утверждает, что мы видим их больше из-за

последствий изменения климата. Они говорят, что эти ураганы хуже, чем когда-либо, из-за последствий изменения климата. Но вот истина убийца - если бы эти самые либеральные элиты не продолжали биться об изменении климата, то никто бы не подумал, что эти ураганы вызваны изменением климата. Факт.

И помните это тоже - кто пытается помешать вам иметь право защищать себя от этих самых ураганов? Это те же либеральные элиты. Они говорят, что ураганы представляют собой опасность, вызванную изменением климата, и в то же время сплачивают за то, что ваше оружие забрали у вас.

Правильно, либералы хотят лишить вас права защищать вас и вашу семью от опасностей, о которых они предупреждают - если это не какой-то элитарный заговор с целью облучения истинных патриотов из этой страны, чтобы наша земля и наши свободы можно дать тем нелегалам, которые поддерживают Нэнси Пелоси и ее отряд, тогда я не знаю, что это такое.

Во всем этом есть некоторая вовлеченность Deep State, но об этом я расскажу позже в этой книге.

Однако мы все должны исходить из того, что происходит, в том, что мы должны стоять вместе. Мы все должны быть сильными, человек к человеку, но

держаться на безопасном расстоянии и быть уверенными, что эти либералы не смогут заразить наши истинные американские ценности и убеждения.

И вот совет Дональда-младшего - когда я оказываюсь лицом к лицу с одним из этих ненормальных людей, я просто смотрю им прямо в глаза и говорю: «Эй, приятель, мой папа больше, чем твой папа».

ГЛАВА ОДИН
МОЕ ДЕТСТВО
РАСТЕТ КАК РЕБЕНОК

Всю свою жизнь я пытался быть частным человеком, и поэтому мало кто знает, что в мои ранние годы, прежде чем я вырос и стал главой Организации Трампа, я был ребенком.

Мое детство было таким же, как у любого нормального ребенка, рожденного примерно в то же время. Конечно, у меня был папа, который был почти миллиардером, но у меня все еще была борьба.

Я родился в конце 1977 года. Последний день года. Моим местом рождения был Нью-Йорк. Несмотря на то, что я родился в либеральной столице Соединенных

фигурный

Штатов, мне повезло, что я не понес длительного ущерба.

Знаете, оглядываясь назад, я считаю себя счастливым, что родился более 40 лет назад.

Многим людям не так повезло.

Я говорю о всех детях, которые родились в эти новые гиперэлитарные времена, когда прибрежные либералы и демократы рвали детей прямо из чрева их матерей вплоть до двухмесячного возраста - тогда, когда я родился, аборт не был не такой риск.

В детстве меня назвали в честь моего отца. Вот почему меня зовут Дональд Трамп младший

Позже я узнал, что он нервничал из-за того, что передал мне свое имя. Беспокойство, которое он высказал моей маме в то время, было то, что он не хотел передавать свое имя ребенку, который может однажды вырасти, чтобы стать полным неудачником. К счастью, чуть более шести лет спустя родился мой первый брат Эрик, и он стал ребенком, который разочаровал нашего отца, и поэтому не было никаких опасений, что у меня может получиться хуже. Хуже никогда не было бы возможно с Эриком вокруг.

Будучи молодым, мой отец часто работал и путешествовал по миру, чтобы встретиться с богатыми

и могущественными, такими же, как он сам. Из-за этого большая часть моих младших лет была проведена, посещая моих бабушку и дедушку на стороне моей матери. Мои лета проводились в их доме в Чехословакии, бывшей нации, расположенной в центральной Европе.

Именно в это время у меня появилась любовь к охоте. Это была любовь, которая выросла из моей преданности бедственному положению невинных животных по всему миру.

Мой дедушка однажды вечером за ужином рассказал мне историю о том, как были эти жестокие люди, известные как браконьеры, которые ходили и крали слоновую кость из слоновой кости. С этого момента я обязался помогать всем встречным слонам, избавляя их от страданий и гарантируя, что им никогда не придется встречаться с браконьером в будущем.

Возможно, вам интересно, как я могу это оправдать, но я прошу вас вспомнить только одну вещь. Когда браконьер убивает слона, его слоновая кость крадется для превращения в драгоценности и другие предметы, которые не получают записки. Но когда я гуманно усыпляю одно из этих удивительных существ, чтобы спасти их от этой ужасной судьбы, я всегда

фотографирую рядом с ним, чтобы помочь прославить этого слона и показать миру, насколько он под угрозой. Я уверен, что слон не умирает зря.

Когда я был еще маленьким, мой отец развелся со своей первой женой и моей мамой Иваной. Это был развод, который был несправедливым по отношению к моему отцу - он всегда поступал правильно и относился с уважением, но она была совсем не так. Она пыталась забрать все у моего отца, потому что это то, что делают женщины. Мужчины много работают, а затем женщины пользуются этим и пытаются сломать их, потому что они ревнуют.

В конце развода мой отец сделал то, что считал лучшим, и чтобы убедиться, что ему нужно провести как можно меньше времени с Эриком, отправив его в школу-интернат. Чтобы это выглядело так, будто он не просто пытался избежать Эрика, мой отец решил отправить меня и его четвертую жену, Иванку, тоже.

Очевидно, в школе был какой-то либеральный уклон, в который нас послал мой отец - я помню один конкретный случай, когда я баллотировался на пост президента класса, и мой учитель сказал мне, что мне не разрешали принимать пожертвования от корпораций. Ясно, что это просто еще один способ, которым

демократы контролируют образование наших детей.

Эта проблема не была бы слишком плохой, если бы она была изолированной. На самом деле, я говорил об этом с отцом в то время, и нам удалось выработать стратегию победы, несмотря ни на что. Но эта демонстрация элитарности была не единственной в школе.

В начале моего последнего года обучения мне сказали, что я должен был стать наставником одного из младших учеников. Правильно, школа хотела заставить меня передать секреты того, как быть настоящим мужчиной, которому меня научил мой отец, и делать это даром.

Несмотря на все усилия школы, направленные на то, чтобы избить меня и вырвать мою истинную патриотическую и независимую душу, я выжил там и смог посещать университет в Пенсильвании в Университете Пенсильвании.

Чтобы соответствовать названию моего отца, я изучал финансы и недвижимость. После окончания учебы я решил переехать в город Аспен в штате Колорадо, чтобы жить как безнадежный провал, который был хорош лишь для бездельничания и разлива напитков.

фигурный

Я не хотел продолжать жить своей жизнью как неудача.

Я не хотел продолжать жить как человек, который служил другим.

Я не хочу продолжать жить своей жизнью, как кто-то, кто не был в состоянии встать и работать для того, что они знают, что они заслуживают.

И поэтому я не сделал.

Будучи консерватором, я знаю, что, когда вы прислушиваетесь к этому и по-настоящему верите в себя, можно выбраться из трудных ситуаций, подобных той, в которой я жил в Колорадо.

И я так и сделал.

Я решил, что буду больше, и я собрал свою работу, работая барменом, и сделал первый шаг на вершину лестницы успеха, оставив Колорадо, вернувшись в Нью-Йорк и получив свою первую работу. в бизнесе моего отца в качестве младшего руководителя.

Оттуда остальное уже история.

Я продолжал продвигаться вверх по карьерной лестнице, и в конце концов я достиг своей нынешней должности старшего вице-президента Организации Трампа. Титул, который я не мог бы больше почитать.

Это просто идет, чтобы показать. Независимо от

того, что эти демократы могут попытаться внушить нашим детям, истинный метод поиска успеха - просто найти успех, а не стонать о тех ежедневных трудностях, с которыми вы сталкиваетесь.

Борьба, как и демократы, не заботится о ваших чувствах, а ваши чувства не должны заботиться о них.

ГЛАВА ВТОРАЯ
ВО ВРЕМЯ МОЕГО ОТЦА ВЫБОРЫ

Я помню тот день, когда мой отец решил баллотироваться в президенты. Я был здесь. Эрик, Иванка и некоторые другие девушки, которых мы не знали, тоже были там. Мой отец вошел в комнату и сказал всем нам: «Я решил баллотироваться на пост президента».

Эта новость стала шоком для всех нас.

Мой отец и я только что вернулись из командировки в Москву в то время и проводили так много времени на встречах с некоторыми высокопоставленными представителями российского правительства и парой

олигархов - российских коллег моего отца - и поэтому это удивительно как мой отец когда-либо нашел время для того, чтобы обдумать президентские выборы в то время. Это, конечно, не решение, в которое вы можете спешить. Но это показывает, что мой отец прекрасно умеет сконцентрироваться на желании снова сделать Америку великой, даже когда он занят работой, даже если он отстает от реактивного полета.

Когда мой отец сказал нам, что он собирается бежать, все мы в этой комнате вскочили в воздух и взбодрились. Мы праздновали всю ночь напролет. Мы праздновали, зная, что Америку и ее патриотических детенышей спасут от тирании президентства Барака Обамы.

Мы были не единственными, кто праздновал. Вскоре после того, как мы сами услышали эту новость, мне позвонил мой российский деловой партнер, который хотел поздравить нашу семью с тем, что она следующая, кто правит Америкой. Хотя в то время не было известно, что мой отец встретится с Кривой Хиллари из династии Клинтонов, мой друг был уверен, что независимо от того, с кем он столкнулся, он обязательно победит.

«Это похоже на то, что Америка получит своего

собственного Владимира Путина», - сказал мне мой партнер. «Сильный и харизматичный лидер с хорошим телом, которым другие мужчины могут восхищаться и стремиться иметь, не будучи гомосексуалистом».

Американский народ, безусловно, согласился с мнением моего коллеги. Они взяли к моему отцу и обняли его как второе пришествие. Мой отец был их спасителем не только от угрозы либералов, но и от ложного консерватизма, разносимого маленькими Марко Рубио и Тедом Крузом, последний из которых даже не родился в Америке.

День, когда мой отец выиграл номинацию, был лучшим днем в моей жизни. Это было даже лучше, чем в тот день, когда доктор сказал нам, что глупость Эрика не была наследственной.

Однако после того, как мой отец стал кандидатом от республиканцев, началась настоящая работа. Мы знали, что, хотя мой отец был лучшим и наиболее квалифицированным кандидатом в президенты, которого когда-либо видели, кампания Клинтона, вероятно, бросила бы все грязные уловки, которые они имели в нас.

Независимо от попыток демократов саботировать нас, тем не менее, куда бы мы ни шли по всей стране,

моего отца приветствовали и тепло приветствовали заслуженное восхищение. Я и остальная часть семьи приветствовались также с признанием, что имя Трампа прибыло, чтобы заслужить.

Для всех нас три дебата были самой запоминающейся частью кампании. Получить шанс увидеть, как мой отец приклеил ее к Хиллари Клинтон лицом к лицу, было удовольствие, которое его сторонники заслуживали.

Пока мой отец показывал Хиллари на сцене о ее муже, Билле Клинтоне, я сидел в первом ряду аудитории, всего в нескольких местах, с прекрасным видом, из которого можно увидеть, как мужчина рушится. Я помню, как мой отец рассказывал о своих сексуальных преступлениях, глядя на стыд, который он демонстрировал на своем лице. Как будто он чувствовал смущение за Хиллари, что он был ее мужем.

Хотя это было очень весело, во время кампании, конечно же, было много работы. Мне, например, была дана важная задача развлекать и удовлетворять все потребности наших величайших сторонников и крупнейших доноров нашего дела.

Выросший в башне моего отца, я прекрасно осознавал, какое впечатление всегда производило это

место на тех, кто имел честь посещать его и праздновать в нем.

Мне повезло, что козырная башня принадлежала моему отцу, в противном случае, я не думаю, что мог бы договориться о такой выгодной сделке, чтобы арендовать комнату для вечеринок и собраний.

Конечно, в конце кампании мы подошли к самому главному событию. Мой отец в день выборов был зрелищем. Никогда я не видел, чтобы человек так сильно любил свою страну, как тогда.

Только те, кто ближе всего к моему отцу, знают, сколько он сдался, чтобы стать президентом. Это действительно возмутительно, что он никогда не будет восхищаться всеми своими жертвами при жизни. Хотя я и все его сторонники можем жить с утешением, которое со временем придет, сколько истинного американского героя, которым был мой отец за это время, станет частью истории нашей страны.

ГЛАВА ТРИ
ПУТЕШЕСТВУЯ С МОЙ ОТЕЦ

После его избрания изменилась не только жизнь моего отца. С одной стороны, жизнь миллионов американских патриотов за одну ночь улучшилась благодаря осознанию того, что у них есть такой же мужчина, как они, который сражается за свой угол на самом высоком посту в нашей стране - это также было хорошей новостью и для их женщин. Но жизнь изменилась и для семьи моего отца. Это верно, жизнь изменилась для меня.

Изменения были незамедлительными. Самым примечательным было то, что никому из нас больше не

разрешалось идти куда-либо самостоятельно. Это было потому, что существовал риск того, что теперь мы окажемся в числе первых избранных семей, плохие злодеи, такие как либералы и ревнивые демократы, захотят причинить нам вред, если у них будет такая возможность.

Мы начали защищаться специальной службой, которую предоставило правительство. Я не могу сказать вам точное название службы, потому что это секрет. Мой отец, новый президент - можно сказать, что он «Дон» - получает наибольшую защиту. И тогда я и Иванка получим меньший уровень, чтобы обеспечить нашу безопасность тоже.

В то время как я признаю, что они там для моей безопасности, постоянно сопровождаемые, по крайней мере, двумя людьми, доставляют неудобства.

Раньше мне нравилось устраивать вечеринки для моих деловых партнеров из-за границы, но с тех пор, как мой отец стал президентом, это просто невозможно. Это позор. Последняя вечеринка была в начале июня 2016 года и проходила в башне моего отца в Нью-Йорке. Это была ночь, которую все называли одной из своих лучших, но я вспоминаю ее с горько-сладкими эмоциями, зная, что это последняя в своем роде.

ПУТЕШЕСТВУЯ С МОЙ ОТЕЦ

Одной из самых больших проблем, связанных с необходимостью защищать себя таким большим количеством безопасности, является отсутствие данных Богом свобод, которые есть у нас, когда мы путешествуем, особенно когда мы путешествуем с моим отцом.

Люди часто спрашивают меня, каково это иметь возможность путешествовать рядом с президентом и особенно с BBC-1. Я скажу вам, на что это похоже. Это круто. Ладно, конечно, я много летаю, и у меня была привилегия летать на Hair Force One, но Air Force One - следующий уровень.

Чувство возможности летать на этой птице и представлять Соединенные Штаты в странах, которые смотрят на нас и стремятся быть нами? Это чувство самое лучшее.

Хотя я люблю путешествовать с отцом и играю свою роль в том, чтобы все знали, что Америка всегда была лучшей страной в мире благодаря программе моего отца «Сделай Америку великой снова», эта великая привилегия имеет некоторые недостатки.

Самым большим из них является то, что мы вынуждены быть теми, кто видит, насколько низко опустилась Демократическая партия - кажется, что

независимо от того, куда мы идем, они организовали группу фальшивых протестующих, чтобы кричать и петь свою фальшивку новости и их культовые убеждения для тех, кто будет слушать.

Конечно, не все так плохо. В некоторых странах любви к моему отцу достаточно, чтобы соперничать даже с любовью, которую он испытывает дома во всех пяти уголках Соединенных Штатов.

Лучший пример этого был в нашей первой поездке в место под названием Лондон-Таун в Англии. Люди там действительно создали гигантский воздушный шар моего отца, который они позволили взлететь в воздух, чтобы отметить его визит. Все они смотрели на моего отца, когда он пролетал над ними, чтобы показать, что они чувствуют, что не достойны его присутствия. Они хотели показать, что мой отец всегда мог достичь новых высот. Их комплименты были привилегией свидетельствовать из первых рук.

Не только это проявление любви к моему отцу сделало эту поездку одной из лучших, в которых мы побывали, но и тех, с которыми мы встретились на этой неделе.

Позже мы узнали, что самой королеве Англии действительно была оказана честь получить аудиенцию

у моего отца, и я могу сказать, что мой отец был счастлив, что имел возможность встретиться с ней тоже.

В какой-то момент мой отец и королева отправились на небольшую прогулку по садам ее дома - мой отец демонстрировал ей, как должен идти истинный лидер, который хотел показать свою силу - я, Иванка и Эрик, которые у нас были был вынужден принести с собой после того, как его няню вытащили в последний момент, представили принцу китов и его отцу, королю морей.

В целом это была захватывающая поездка, хотя для Эрика была заметка разочарования после того, как наши сотрудники службы безопасности сказали ему, что ему небезопасно посещать зоопарк, поскольку они не могли быть уверены, что Хиллари Клинтон не скрывалась среди всех сурикатов, чтобы отомстить после ее потери.

Через несколько дней мы были в Хельсинки и встретились с представителями российского правительства и даже с самим Владимиром Путиным.

Хотя Владамир - человек, известный и уважаемый во всем мире, всегда демонстрирующий сильное лидерство и являющийся истинной альфой, он делает это в

подходящее время, проявляя более мягкую, нежную и более добродушную сторону. Вот что он сделал в этой поездке.

Услышав, что Эрик был расстроен из-за того, что не смог спасти Слонов в зоопарке, точно так же, как его большой брат младший, Владамир разобрал Эрика в подарок - эксклюзивный футбольный мяч с чемпионата мира того года, который проходил в России. ,

Это подарок, который, я знаю, ценит Эрик, потому что теперь он держит его на полке в своей спальне. Остальные из нас часто шутят о том, что Эрик считает, что мяч часто посещают, поскольку он утверждает, что ночью он слышит голоса.

Теперь демократы, возможно, пытаются утверждать, что это плохо, что я путешествую с моим отцом, когда он представляет нашу страну за границей - они пытаются утверждать, что я освобождаю от ответственности великого американского налогоплательщика - но ничто не может быть дальше от истины.

Реальность такова, что демократы просто не знают о личных жертвах, которые я делаю, чтобы иметь возможность поддержать моего отца в его благородной миссии. Например, с тех пор, как мой отец стал

президентом, мне приходилось сокращать гуманитарные миссии в Африку, чтобы спасти слонов от браконьеров до одной поездки в год.

Также фактом является то, что под председательством моего отца Америка получает лучшее, что она когда-либо имела от президента. Никогда при Билле Клинтоне Америка не получила второго Билла Клинтона. Но при президенте Дональде Трампе Америка без каких-либо дополнительных затрат получает выгоду от своего собственного президентского мини-меня во мне, Дональда Трампа-младшего.

ГЛАВА ЧЕТВЕРТАЯ
ГЛУБОКОЕ ГОСУДАРСТВО
ЗАГОВОР

Безусловно, самой большой угрозой национальной безопасности нашей великой нации является существование Глубинного Государства.

Это не обман, как многие из оставшихся психов заставят вас поверить.

Глубокое Государство - это реальная, великая и постоянная угроза того, что именно в этот момент мы живем среди всех нас и пытаемся проникнуть или жить свободой и богодухновенным патриотизмом, который мы имеем для страны, которую мы все так любим.

Эта вторичная подпольная и скрытая система

американского правительства всегда существовала с самого рождения нашей нации и контролирует все инструменты, которые контролируют всю нашу жизнь. В последние годы есть даже основания полагать, что они стали включать в свои ряды международные главы.

Именно это Глубокое Государство действительно решает, кто будет Президентом всех нас. Это верно, наши голоса не имеют значения. Голосование в этой стране не имеет значения. Не мой голос, не ваш голос, и даже не голоса за демократов. Глубокое государство просто игнорирует, за кого люди голосуют, и решает сам.

Обычно Глубинное Государство предпочитает кандидата от Демократической партии, и нетрудно понять, почему, когда вы смотрите на тех, кто является частью этого культа. Но иногда они выбирают республиканца. Никто не знает почему, но наиболее вероятная причина заключается в том, что их можно увидеть несуществующими для широкой американской публики - было бы слишком подозрительно, если бы их победителем всегда был один из них.

В 2016 году Глубинное государство предпочло, чтобы мой отец стал президентом, а не Кривой Хиллари. Единственная причина этого может

заключаться в том, что они сами знали, что Хиллари была отвратительной женщиной, которую мой отец заклеймил ее в то время как на предвыборной кампании.

Несмотря на то, что мы знали, что для того, чтобы думать, что Хиллари лучше моего отца, потребуется нечто большее, чем просто диагноз психически больного либерала, мы все еще были шокированы, увидев, что Глубинное государство выбрало моего отца, и с тех пор с осторожностью относились к нему. их истинные намерения.

К счастью, мой отец - волевой человек со своими сильными и независимыми мыслями и душой, и поэтому маловероятно, что Глубокое Государство когда-либо сможет взять под контроль его разум и, следовательно, страну.

Это, однако, не мешает нам принимать дополнительные меры предосторожности, которые гарантируют, что они не могут заразить его чем-либо - мой отец пьет только из банок диетической колы, которые были сначала проверены маленьким ребенком, чтобы удостовериться, что они свободны от каких-либо ядов или наркотики, контролирующие сознание.

Мы используем ребенка, так как его меньшие тела означают, что любое воздействие, которое окажет

наркотик или яд, проявит себя быстрее - это единственный способ, которым мы можем быть уверены, что мой отец все еще получает освежение, будучи охлажденным.

Это может показаться ребенку жестоким, но помните об этом, им действительно удается встретиться со своим героем Дональдом Дж. Трампом, и, если они его попросят, даже получить подписанную фотографию.

Вы можете задаться вопросом, почему Глубинное Государство могло бы атаковать и проникнуть в разум моего отца, если бы они были его президентом, но ответ прост.

Так работают умы этих больных людей.

фигурный

ГЛУБОКОЕ СОСТОЯНИЕ СОЕДИНЕННЫХ ШТАТОВ

ВЕРХОВНЫЙ ВЕРХОВНЫЙ ЦАРЬ И ИМПЕРАТРИЦА
ГЛУБОКОГО ГОСУДАРСТВА

Опра Уинфри

ЗАРУБЕЖНЫЙ ПРЕДСТАВИТЕЛЬ
ГЛУБОКОГО ГОСУДАРСТВА

Джастин Трюдо

ПОЧЕТНЫЙ ПРЕЗИДЕНТ
ГЛУБОКОГО ГОСУДАРСТВА

Барак Обама

МИНИСТР ВНУТРЕННЕЙ БЕЗОПАСНОСТИ
ГЛУБОКОГО ГОСУДАРСТВА

Алек Болдуин

ОФИЦИАЛЬНЫЙ ШУМ
ГЛУБОКОГО ГОСУДАРСТВА

Стивен Колберт

МИНИСТР ПРОПАГАНДЫ

Андерсон Купер

ДИРЕКТОР БЕЗОПАСНОСТИ

КАМЕНЬ

НАРОДНЫЙ ПРЕЗЕНТЕР

Рейчел Мэддоу

РУКОВОДИТЕЛЬ СЕКРЕТНОЙ ПОЛИЦИИ

Крис Куомо

ДИРЕКТОР РАЗУМ

Роберт Де Ниро

СЕКРЕТНАЯ ПОЛИЦИЯ

В ролях
Субботняя ночная жизнь

МИНИСТР
ГЛУБОКОГО ГОСУДАРСТВА

Колин Каперник

ГЛУБОКОЕ ГОСУДАРСТВО ЗАГОВОР

ВНУТРЕННИЙ ПОРЯДОК ИЕРАРХИИ

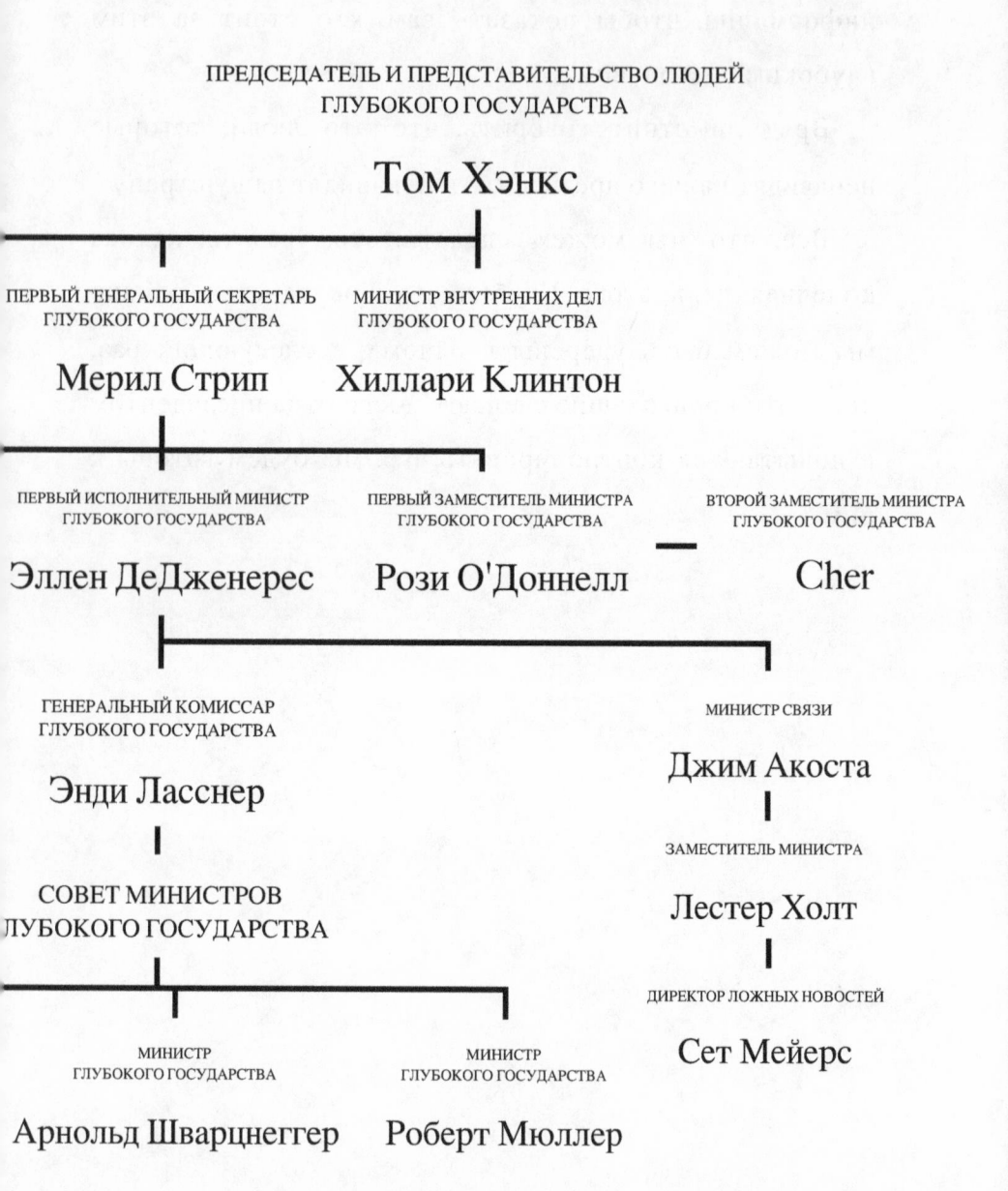

ПРЕДСЕДАТЕЛЬ И ПРЕДСТАВИТЕЛЬСТВО ЛЮДЕЙ
ГЛУБОКОГО ГОСУДАРСТВА

Том Хэнкс

ПЕРВЫЙ ГЕНЕРАЛЬНЫЙ СЕКРЕТАРЬ
ГЛУБОКОГО ГОСУДАРСТВА

Мерил Стрип

МИНИСТР ВНУТРЕННИХ ДЕЛ
ГЛУБОКОГО ГОСУДАРСТВА

Хиллари Клинтон

ПЕРВЫЙ ИСПОЛНИТЕЛЬНЫЙ МИНИСТР
ГЛУБОКОГО ГОСУДАРСТВА

Эллен ДеДженерес

ПЕРВЫЙ ЗАМЕСТИТЕЛЬ МИНИСТРА
ГЛУБОКОГО ГОСУДАРСТВА

Рози О'Доннелл

ВТОРОЙ ЗАМЕСТИТЕЛЬ МИНИСТРА
ГЛУБОКОГО ГОСУДАРСТВА

Cher

ГЕНЕРАЛЬНЫЙ КОМИССАР
ГЛУБОКОГО ГОСУДАРСТВА

Энди Ласснер

СОВЕТ МИНИСТРОВ
ГЛУБОКОГО ГОСУДАРСТВА

МИНИСТР СВЯЗИ

Джим Акоста

ЗАМЕСТИТЕЛЬ МИНИСТРА

Лестер Холт

ДИРЕКТОР ЛОЖНЫХ НОВОСТЕЙ

Сет Мейерс

МИНИСТР
ГЛУБОКОГО ГОСУДАРСТВА

Арнольд Шварцнеггер

МИНИСТР
ГЛУБОКОГО ГОСУДАРСТВА

Роберт Мюллер

Диаграмма, которую вы только что видели, была создана мной после экспертного анализа и сбора информации, чтобы показать вам, кто стоит за этим глубоким состоянием.

Вряд ли стоит говорить, что это люди, которые ненавидят нашего президента и ненавидят нашу страну.

Все, что мы можем сделать, это угадать, какова конечная цель этого Глубинного Государства, однако мы можем быть уверены в одном - в следующий раз, когда эти проигравшие сделают моего отца президентом и попытаются контролировать его, мы будем готовы к ним.

ГЛАВА ПЯТАЯ
КОГДА Я СТАНУ СЛЕДУЮЩИМ ПРЕЗИДЕНТОМ

Это не утешительная реальность, но мой отец не может править вечно.

Правда в том, что для всех великих лидеров их время как правителя поднимается и опускается, как солнце. Однажды солнце встанет на время моего отца в качестве нашего президента и взойдет с другим в качестве нового правителя. Этот новый правитель будет тем человеком, которого лучше всего отнять у моего отца, а этот человек - я.

Я видел ту работу, которую проделал мой отец, чтобы сделать нашу нацию лучшей в мире, и я буду

для длинного и тонкого объекта, состоящего из двух кусков длинной древесины, соединенных вместе к бесконечному количеству небольших кусков дерева.

Само по себе это не может показаться серьезной угрозой, но предположение состоит в том, что, если противостоять стене, то все наши усилия по строительству стены будут напрасными.

Эта угроза - только первый шаг на лестнице - также считается, что некоторые нелегалы могут начать искать способ вторгнуться в нашу страну, используя туннели, построенные либералами.

Решение этих угроз состоит не только в том, чтобы построить стену, но и в том, чтобы убедиться, что мы строим стену, которую никто никогда не сможет преодолеть.

Недавно я провела тест, в котором сказала Эрику, что в холодильнике есть большой кусок шоколадного торта. Затем я построил небольшую стену, чтобы он не смог добраться до нее. Да, стена работала, и торт был в безопасности, но Эрик продолжал пытаться. Затем я подключил стену к электрической розетке - Эрик перестал пытаться пройти через нее.

Я думаю, что я пытаюсь сказать, что, хотя у моего отца есть несколько очень хороших идей, которые

снова сделают Америку великой, я хочу быть в состоянии уточнить эти идеи, когда возьму на себя его, чтобы иметь возможность сделать Америку великой Снова Снова (торговая марка).